세상에 대하여
우리가
더잘 알아야 할
교양

(61)

지은이 소개

지은이 **송종운**

서울에서 태어나 한신대학교에서 정치학을 전공하고 서울대학교에서 정치학 석사, 경상대학교에서 경제학 박사 학위를 받았습니다. 새로운사회를여는연구원 이사, 사단법인 한국사회경제학회 운영위원장을 역임했으며, 현재 사단법인 한국사회경제학회 이사와 감사, 포용금융연구회 기획부위원장을 맡고 있습니다. 대표 논문으로 〈미국 연방준비제도의 정치경제학〉〈미국과 유럽의 위기 대응: 화폐적 해법과 새로운 위기로의 전환〉 등을 저술했습니다. 고려대학교 경영학과, 아주대학교 경제학과 외에 다양한 학교에서 강의를 하고 있습니다.

세 상에 대하여 우리가 더 잘 알아야 할 교양

송종운 지음

61

돈의 전쟁
기축통화가 되기 위한 돈의 암투

내인생의책

차례

※ 본문의 **굵은 글씨**로 표시된 단어는 90페이지 용어 설명에서 찾아보세요.

1900년 프랭크 바움이 쓴 《오즈의 위대한 마법사》를 알고 계실 겁니다. 정말 오래된 동화지만 아직도 사랑받고 있지요.

프랭크 바움은 서문에서 "《오즈의 위대한 마법사》 이야기는 오로지 오늘날의 아이들이 즐길 수 있도록 썼다."라고 밝히고 있어요. 그런데 이 책엔 엄청난 비밀이 숨겨져 있습니다. 미국 대통령을 뽑는 정치와 국제금융 이야기가 숨어 있거든요. 그리고 우리가 다루고자 하는 돈의 전쟁과도 관련이 있답니다.

프랭크 바움은 사실 1896년 대통령 선거에 출마한 민주당 후보 윌리엄 제닝스 브라이언을 돕기 위해 이 글을 썼다고 알려져 있어요. '어린이용 동화로 대통령 선거에서 후보를 돕는다고?' 여기엔 약간의 설명이 필요해요.

미국은 1873년 금·은본위제에서 은을 뺀 금본위제로 돌아섭니다. 금본위제도는 통화에 대한 신뢰성이 높지 않을 때 중앙은행이 돈을 마구 찍어내 경제에 혼란을 주는 것을 막기 위해 고안한 제도입니다. 중앙은행이 돈을 찍어내는 양만큼 금을 보유하고 있어야 한다는 말은 중앙은행이 만 원을 찍어내려면 만 원치의 금을 갖고 있어야 한다는 소리입니다.

그러나 19세기 말 금 생산량이 부족해 돈을 원하는 만큼 찍어낼 수 없었어요. 그래서 1880년부터 1896년 사이 미국은 물가가 20% 이상 떨어지게 돼요. 그러자 돈을 빌려준, 돈 많은 사람들은 돈의 가치가 높아져 이득을 봤지만 농민이나 근로자는 빚 부담이 커져 큰 고통을 겪었죠.

그래서 미국 정당들은 금본위제와 금·은본위제를 두고 많은 논란을 불러 일으켰습니다. 미국 북동부의 공화당 후보와 자본가 계층은 금본위제를 지지했고, 남서부의 농민 노동자 계층은 금·은 본위제를 지지했습니다. 결국 1896년 대통령선거에서 금본위제를 지지하는 공화당이 이기게 됩니다.

프랭크 바움이 《오즈의 위대한 마법사》를 통해 하고 싶은 이야기는, 이런 경제적 배경에서 금만이 아닌 금과 은을 새로운 돈으로 삼아야 한다는 겁니다. 그런데 이를 그대로 이야기하면 딱딱하다고 사람들이 외면할까 봐 쉽고 재미있는 동화를 써서 많은 사람이 읽게 한 것이죠.

《오즈의 위대한 마법사》의 등장인물과 배경은·많은 것을 상징해요. 먼저, 에메랄드 성은 미국의 수도인 워싱턴 DC를 상징합니다. 에메랄드 빛은 돈(화폐)을 상징하고요. 당시 에메랄드 성을 지배한 마법사는 프랭크 바움이 비난했던 미국 대통령 클리브랜드를 상징합니다. 그리고 허수아비는 순진한 농민을 의미합니다. 양철 나무꾼은 공장에서 일만 하다 인간다움을 잃어버린 노동자예요. 또 사자도 등장하죠? 이 겁쟁이 사자는 용기를 내서 마법사와 싸우지 않았던 민주당 후보 제닝스 브라이언을 빗댄 겁니다.

이뿐만이 아니에요. 남쪽과 북쪽의 착한 마녀는 **금본위제**와 **은본위제**를 동시에 사용하는 지역을, 그리고 동쪽과 서쪽의 나쁜 마녀는 금본위제만을 지지했던 지역을 상징합니다. 그리고 도로시가 신고 있던 은 구두 있죠? 은 구두는 바로 은본위제예요. 마지막으로 오즈(Oz)는 금이나 은 같은 귀금속의 무게를 재는 단위인 트로이온스(oz.t.)의 약자로 금본위제를 뜻해요.

돈이 지배하는 세상, 나쁜 마법사가 지배하는 세상인 에메랄드 성을 찾아 떠난 도로시는 결국 험난한 여정을 끝내고 마침내 성에 도착하지만, 가짜 마법사가 지배하고 있었죠. 험난한 여정은 당시 미국 사회의 경제 위기를 의미합니다. 가짜 마법사는 아까 말했듯 공화당의 클리블랜드 대통령입니다. 그러다 도로시가 갑자기 깨닫게 됩니다. 자신이 지금까지 신고 왔던 은 구두가 사실은 어디든지 갈 수 있는 마법의 구두라는 사실 말이에요. 그러니까 금·은본위제를 해야 한다는 거죠.

《오즈의 위대한 마법사》에서는 금·은본위제를 찬성하는 세력이 승리하지만, 현실에서는 공화당이 승리합니다. 주인공 도로시는 미국의 서민을 상징합니다. 프랭크 바움은 결국 서민이 이기는 정치를 보고 싶었던 겁니다. 하지만 동화 속에서만 승리하고 말죠.

우리는 앞으로 돈의 전쟁에 관해서 이야기할 겁니다. '고작 종이나 동전에 지나지 않은 돈들이 어떻게 전쟁을 한다는 거지?', '너무 과장하는 거 아냐?' 라는 생각이 들 수 있습니다. 돈의 전쟁이란 주제가 처음엔 낯설게 느껴질 수도 있어요. 하지만 책을 읽다 보면 곧 이 이야기가 얼마나 흥미로운지 알게 될 겁니다.

은행의 기원

돈에 관한 흥미로운 이야기 중 하나는 은행이란 말의 기원입니다. 돈과 은행은 떼려야 뗄 수 없는 관계입니다. 따라서 은행이라는 말의 원래 뜻과 그 기원을 살피는 것은 돈 이야기를 시작하기에 앞서 다루기에 적절한 주제라 할 수 있습니다.

돈에 관한 흥미로운 이야기 중 하나는 은행이란 말의 기원입니다. 돈과 은행은 떼려야 뗄 수 없는 관계입니다. 따라서 은행이라는 말의 원래 뜻과 그 기원을 살피는 것은 돈 이야기를 시작하기에 앞서 다루기에 적절한 주제라 할 수 있습니다.

▌ 현대 은행의 모습.

'Bank'의 어원

은행은 영어로 'Bank'이고, 우리가 발음할 때는 '뱅크'라고 합니다. 그런데 왜 뱅크라고 부르는지 아는 사람은 드물어요. Bank는 원래 '벤치'라는 말에서 유래했습니다. 벤치라고 하면 '의자'라는 뜻이 먼저 떠오를 텐데요. 어떻게 '의자'가 '은행'이 되었을까요?

원래 벤치는 의자라는 뜻보다는 탁자나 길거리에 물건을 파는 좌판을 의미합니다. 서양 사람들이 뱅크의 유래가 되는 벤치라는 말을 사용할 때, 그 뜻은 길거리 좌판을 가리키는 겁니다. '물건을 놓고 장사하는 탁자'라고 하면 가장 정확한 이야기가 되겠죠?

뱅크의 유래는 아주 먼 옛날까지 거슬러 올라갑니다. 예수 그리스도가 활

▌유대교의 교회, 시나고그.

▌ 십자가 형벌을 받는 예수님의 모습.

동했던 시대까지요. 성경을 읽어 보신 분들은 이 이야기를 들어 봤을지도 모르겠네요. 예수님이 제자들과 설교를 다닐 때 유대인들의 교회 '시나고그'에 들르게 된 일이 있었어요. 그런데 교회 안에서 유대인들이 좌판을 설치해 놓고 돈을 거래하고 있는 거예요.

돈을 거래한다는 것은 지금으로 말하면 이 나라의 돈과 저 나라의 돈을 바꿔 주는 **환전**을 말하는 거예요. 뒤에서 설명하겠지만, 우리나라 돈을 외국 돈으로 바꾸는 것을 환전이라고 해요. 우리가 눈의 도시 일본의 홋카이도를 여행할 때 우리나라 돈을 쓸 수는 없잖아요? 당시에는 지금처럼 환전을 해 주는 은행이 있는 것도 아니어서, 사람들이 많이 모이는 교회 같은 곳에 좌판을 설치해 놓고 환전 업무를 보곤 했죠. 사람들이 좌판에 자신의 돈을 올려 놓고 자기가 필요한 다른 나라나 지역의 돈으로 바꿔 가는 방식이었죠. 그러니까 사람들이 다른 지방에서 쓸 돈, 혹은 다른 지방에서 가져온 돈을 바꾸는 장소를 벤치라고 불렀는데, 이것이 시간이 흘러 뱅크가 된 거죠.

예수님과 관련된 이야기를 좀 더 해 보죠. 이 이야기는 예수님이 십자가 형벌을 받게 된 까닭과 관련이 있어요. 예수님께 교회는 신성한 곳인데, 그곳에서 돈을 거래하고 있으니 보시기에 좋지 않았던 거죠. 그래서 예수님께서는 좌판을 뒤엎어 버립니다. 좌판을 하는 사람은 화가 났습니다. 그래서 예수님을 고발하게 되고 결국은 예수님께서 십자가에 올라가게 되신 겁니다. 요즘 식으로 이야기하면, 예수님은 경제 질서를 어지럽힌 사람이죠. 파산이라는 의미의 영어 단어 'Bankruptcy'도 직역하면 '좌판을 뒤엎다'는 뜻으로서 Bank에서 파생되었답니다.

뱅크는 왜 동양에서 은행이 되었을까?

뱅크가 좌판이라는 뜻의 벤치에서 유래했다는 건 알겠는데 왜 '은행(銀行)'이라고 부를까요? 간단히 말해 동양에서 돈은 '은(銀)'이었기 때문이에요. 그러니까 좌판에 돈을 올려놓고 거래를 한다고 했는데 동양 사람들은 돈이 은이니까 당연히 은과 관련된 무엇으로 번역해야 한다고 생각했던 겁니다.

그러면 이제 '행(行)'이 무엇인가만 설명하면 되겠네요. '행'은 요즘 말로 '어디 어디를 가다' 즉 영어로는 '고(Go)'라는 의미시만 뱅크가 중국에 유래해서 번역할 때 즈음에는 '특정 물건을 파는 상인들의 모임'을 의미했답니다. 그러니까 은과 행을 합쳐 뜻을 말하면, '돈을 다루는 사람들의 집단' 정도가 되겠네요. 이것이 바로 동양에서 뱅크를 은행이라고 부르는 이유입니다.

사실 중국과 우리나라 사람들과는 다르게 일본 사람들은 은이 돈이 아니

▍가공되기 전, 광물 형태의 은(銀).

라 금이 돈인 사회였어요. 그래서 일본 사람들이 뱅크를 금을 뜻하는 금(金)을 사용해서 금행이라고 부를지 잠깐 고민했었는데, 용어의 통일을 위해 은행이라 부르기로 했답니다.

은행의 발전

은행은 좌판에 돈을 올려놓고 바꾸어 주는 일에서 유래했다고 했습니다. 좌판이 어떻게 은행으로 발전했는지 이야기해야, 은행이 어떻게 돈을 많이 보유하게 되었는지를 알 수 있고, 중앙은행이 어떻게 돈이 가장 많은 은행이 되었는지도 알 수 있어요.

은행은 좌판에 돈을 올려놓고 바꾸어 주는 일에서 유래했다고 했습니다. 좌판이 어떻게 은행으로 발전했는지 이야기해야, 은행이 어떻게 돈을 많이 보유하게 되었는지를 알 수 있고, 중앙은행이 어떻게 돈이 가장 많은 은행이 되었는지도 알 수 있어요.

'좌판은 어떻게 은행이 되었을까?'는 '은행의 탄생'에 관한 이야기입니다. 우리는 이미 앞서 좌판에 대한 이야기를 마쳤죠. 이제 어떤 은행이 세계 최초로 만들어졌는지 살펴보죠.

❙ 금괴와 은괴.

거래 수단으로서의 금과 은

은행업으로 막대한 부를 축적한 첫 사례는 이탈리아 피렌체의 메디치 가문입니다. 은행업은 일단 '은행이 하는 일' 정도로 이해하시면 될 것 같아요. 당시에 사람들은 이것저것을 사고팔았는데 정부가 지정한 **중앙은행**에서 화폐를 발행하는 일은 없었어요. 왜냐하면 아직은 중앙은행이 발명되지 않았거든요. 물론 은행도요. 지금이나 그때나 금과 은은 귀금속이기 때문에 귀한 물건이었어요. 그래서 금과 은을 거래의 수단으로 이용했답니다.

동전의 탄생

사람들은 금으로 조그만 동전을 만들었어요. 너도나도 동전을 만들다 보니 가짓수가 엄청나게 많아졌습니다. 그래서 문제가 발생한 거죠. 디자인도 다양하고 무게도 다르고 말이죠. 사람들이 '10그램 무게를 가진 금으로 만든 동전을 소 한 마리와 바꿀 수 있다.'는 것을 약속하고 물건을 사고팔았는데, 어떤 사람들은 금 10그램이 아닌 9그램짜리 동전을 가지고 와서 10그

▌ 영국의 1파운드 동전.

램이라고 속이기도 했습니다. 물건을 사거나 팔 때마다 돈의 무게를 재 볼 수 없기에 많은 사람이 속아서 거래하게 되었어요. 이런 일이 자주 발생하게

사례탐구 뉴턴이 고안한 위조 불가능한 동전

아이작 뉴턴은 중력 법칙을 발견한 과학자로 유명합니다. 그는 과학자였지만 우리가 주제로 삼고 이야기하는 돈에 관해서 아주 굉장한 것을 발명한 사람이에요.

사람들은 무게를 속여 만들 뿐 아니라 동전의 옆면을 조금 깎아서 금을 챙기려 했어요. 모두들 자신의 이익을 위해서 동전을 위조하니 결국 모든 사람이 서로의 돈을 믿지 못하게 되어 사회 전체에 돈에 대한 불신이 팽배하게 된 거죠.

영국 정부는 이로 인해 골머리를 썩었습니다. 위에서 말했던 것처럼 금으로 동전을 만드니까 무게를 조금 줄여서 만들면, 조금 뺀 조각들을 모아서 또 금 동전을 만들 수 있으므로 금 동전을 만드는 사람에게는 이익이지만, 물건을 팔고 그 금 동전을 받은 사람은 사기를 당한 셈이죠. 그래서 사람들에게서 어떻게 돈에 대한 신뢰를 지킬 수 있을까 고민하다가, 뉴턴에게 왕립통화감독청장을 맡아달라고 부탁했습니다. 그리고 뉴턴은 위조 불가능한 동전을 발명해 냅니다.

바로 동전 옆면에 빗금을 친 거예요. 동전의 앞면과 뒷면엔 디자인이 되어 있으니, 조각을 깎으려 해도 쉽지가 않았습니다. 그래서 사람들은 옆면을 깎았는데, 뉴턴이 옆면에 홈이 파인 빗금을 만들어 버렸으니, 이제 옆면을 깎으면 빗금이 사라져 금세 속임수를 파악할 수 있었죠. 간단한 아이디어지만, 동전의 역사에서 보면 가히 혁명적인 발상입니다.

되어서 사람들의 '화폐에 대한 신뢰'가 무너졌어요. 그래서 사람들은 같은 돈이라도 무게를 속이지 않고 만들어진 돈을 찾게 되었지요. 금융 생활에서 종종 "신뢰가 있다."는 말을 사용하는데 이런 상황에서 쓰이는 말이랍니다.

골드 스미스와 금 증서

결국 사람들은 남을 속이지 않고 돈을 만드는 곳과 그런 사람이 만든 돈을 찾게 되었습니다. 그러다 보니 신뢰받는 은행으로 사람들이 몰리게 되고 그 은행은 더욱 장사가 잘 되는 거죠. 돈을 만든다고 말했는데, 돈을 만드는 것은 곧 금을 녹여서 금 동전을 만드는 일입니다. 그래서 대장장이들이 이런 일을 담당하게 되었어요. 영어에는 '스미스(Smith)'라는 성이 있는데, 대장장이라는 뜻이에요. 그래서 '금(Gold)을 돈으로 만드는 사람'을 골드 스미스라고 부르게 되었죠.

그런데 금을 가져와서 돈을 만들어 달라는 사람이 점점 많아지면서 골드 스미스가 많은 금을 가지게 되었어요. 골드 스미스에게 사람들이 금을 맡기면 영수증을 써 주었는데 이걸 '금 증서'라고 합니다. 금 증서를 받아간 사람은 물건을 살 때 금 대신 금 증서를 주고 물건을 받기 시작합니다.

이미 눈치 채셨겠지만, 골드 스미스가 건네준 금 증서는 현대의 돈과 비슷

알아 두기: 동전에 빗금을 얼마나 친 것일까?

정답은 50원은 109개, 100원은 110개, 500원은 120개입니다.

▌ 초기의 화폐는 대장장이들이 광물 형태의 금을 가공하여 만들었다.

한 개념입니다. 금 증서 자체는 종이에 지나지 않지만, 금을 맡기고 신뢰할
만한 골드 스미스에게 증서를 받았다는 것은 가치를 보증하는 것입니다. 자
연스레 당시 사람들은 골드 스미스를 은행처럼 생각하게 되었죠.

은행업은 무엇일까?

위에서 돈을 바꾸어주는 사람들이 좌판을 열었던 것이 은행의 기원이라
고 했습니다. 또한 금을 맡긴 사람들에게 금 증서를 써주고, 사람들은 이를
마치 돈처럼 사용했다고 했습니다. 그러니까 골드 스미스가 두 가지 일을 한
셈인데, 한 사람이 이 두 가지 일을 모두 하면 우리는 그것을 '은행이 하는
일'이라고 부를 수 있게 되는 겁니다. 초기의 은행업은 이런 형태였습니다. 금

사례탐구 **주화의 형태**

각국의 주화는 옆 테두리에 아무런 모양이 없는 민면형도 있지만 대부분의 경우 톱니 모양이나 특수한 문자 등이 표시되어 있습니다.

이처럼 주화의 옆 테두리에 톱니 모양 등을 넣기 시작한 것은 오래전 금·은이 화폐로 사용되기 시작한 시절부터인데요. 금과 은은 그 자체가 귀금속이므로 금·은화가 유통되는 과정에서 소지자가 그 일부를 조금씩 갈아 모아 부당이득을 취하는 경우가 많았는데, 이를 막기 위해 주화의 옆 테두리를 톱니 형태로 만들어 조금만 떼어 내어도 쉽게 발견할 수 있게 한 것이 오늘날의 일반적인 주화 형태로 발전하게 된 것입니다.

주화에 사용되고 있는 옆 테두리 형태는 크게 민면형, 톱니형, 문자형, 무늬형 등 4가지로 구분됩니다. 민면형은 옆 테두리를 아무런 표식이 없이 민면으로 처리한 것으로 대체로 저액 주화에 사용되고 있습니다. 우리나라 주화 중에는 1원, 5원, 10원짜리가 이에 해당됩니다.

톱니형은 주화의 테두리를 톱니처럼 만든 것으로서 민면형과 더불어 오랜 기간 동안 전 세계적으로 널리 사용되고 있는 고전적 형태라 할 수 있는데요. 우리나라의 경우 톱니 형태로 주화가 만들어진 시기는 구한말 근대 주화가 도입되면서부터였으며 현용 주화 중 50원, 100원, 500원짜리가 이에 해당됩니다.

문자형과 무늬형은 주화의 옆 테두리에 기념 문구, 국가 이름, 액면 등을 표시한 것을 말합니다. 주화 테두리에 무늬 또는 문자가 들어간 주화는 품위가 있을 뿐만 아니라 고도의 제조 기술을 필요로 하기 때문에 위조가 어렵습니다. 이러한 이유로 문자 및 무늬 형태의 테두리는 과거에는 기념주화 등 일부 특수 주화에만 사용되었으나 지금은 일본, 독일, 네덜란드 등 여러 국가에서 일반 통용 주화에도 채택하고 있습니다. 우리나라에서는 1993년에 발행된 대전 EXPO 기념주화의 테두리를 문자형으로 만들어 발행한 바 있습니다.

출처: 한국은행

증서를 발행하고 또 여러 금 증서를 바꾸어 주는 일을 했던 거죠. 그리고 다른 지역에서 발행한 돈을 가져와서 금 증서와 바꿔 달라면 그것도 해 주었어요. 이렇게 최초의 은행이 탄생하게 된 거죠.

- 세계 최초로 은행업을 통해 부를 쌓은 사례는 이탈리아 피렌체의 메디치 가문의 경우다.
- 본래 사람들은 금이나 은을 화폐로 사용했다.
- 최초 형태의 은행(골드 스미스)은 금 증서를 써 주고 여러 금 증서를 교환해 주는 역할을 했다.

중앙은행: 은행 중의 은행

이제 중앙은행에 대해서 이야기해 보겠습니다. 앞서 은행의 기원과 은행이 하는 일을 알아봤으니 은행 중의 은행이라고 불리는 중앙은행을 이해하는 것도 어렵지 않을 겁니다.

$이제$ 중앙은행에 대해서 이야기해 보겠습니다. 앞서 은행의 기
원과 은행이 하는 일을 알아봤으니, 은행 중의 은행이라고
불리는 중앙은행을 이해하는 것도 어렵지 않을 겁니다.

돈 이야기의 핵심, 중앙은행

중앙은행은 여러 차례 말했던 것처럼 '은행 중의 은행'이에요. 지금부터는
정부 혹은 국가가 등장합니다. 중앙은행은 정부가 은행에게 많은 권한을
줄 테니 돈을 빌려달라고 제안했고, 이 제안을 은행이 수락하면서 만들어졌
습니다.

▌ 영국의 중앙은행인 잉글랜드은행의 모습.

▎ 나폴레옹의 초상화. 프랑스가 워털루 전투에서 영국에게 패하면서 그의 유럽 정복 야망은 수포로 돌아갔다.

중앙은행은 '은행 중의 은행'입니다. 이 말은 중앙은행이 가장 힘센 은행이라는 뜻입니다. 가장 힘센 은행이라는 건 가장 돈이 많은 은행이라는 말이고요. 정부가 돈을 빌릴 때는 가장 돈 많은 은행에게 빌리게 마련입니다. 정부에게 돈을 빌려 준다는 것은 단순한 대출 이상의 의미가 있습니다. 이 말뜻을 제대로 이해하기 위해서는 다시 역사 이야기를 해야 합니다. 시기는 나폴레옹과 영국이 전쟁을 하고 있을 때입니다. 바로 '워털루 전투'입니다.

워털루 전투의 비밀

당시 상황은 지금과 많이 달랐습니다. 국가가 전쟁을 하려면 군인과 무기가 많이 필요한데, 사실 군인이 그렇게 많지 않았거든요. 그래서 전쟁을 하려면 많은 돈을 들여 전쟁을 전문적으로 하는 용병을 고용해야 했어요. 용병을 고용하려면 돈이 많이 필요하므로 부족한 돈은 빌려야 했지요. 그래서 어쩔 수 없이 은행에게 손을 벌리게 됩니다.

나폴레옹은 전 유럽을 상대로 전쟁을 벌여 승리했고, 마지막으로 영국과의 전투를 앞두고 있었습니다. 나폴레옹에게 패한 다른 유럽 국가들은 영국이 이기길 바랐습니다. 영국이 프랑스의 침략을 막아 내지 못하면 유럽 전체가 나폴레옹 일인에게 무릎을 꿇는 셈이니까요.

그래서 유럽의 은행들은 나폴레옹의 프랑스가 아니라 영국을 지지했습니다. 이것이 전쟁의 승패에 큰 영향을 미쳤어요. 결국 많은 군인과 무기를 구입하고 전쟁에 나갔던 영국이 프랑스와의 전투에서 승리를 거둡니다. 전 유럽을 굴복시킨 나폴레옹도 전쟁 자금의 차이를 극복하지 못한 것입니다. 한 나라를 빼앗기느냐 아니면 지키느냐의 문제는 돈의 차이가 결정한다고 해도 과언이 아닐 겁니다.

정부의 친구 중앙은행

정부 입장에서 언제든 돈을 빌릴 수 있는 은행은 좋은 친구입니다. 예를 들어 초등학교 학생들의 급식을 국가에서 사준다고 가정해 봅시다. 정부가 돈이 없으면 정부 예산으로 제대로 된 급식을 제공할 수 없겠죠. 반대로 정부의 재정이 넉넉하다면 양질의 무상 급식 정책을 펼 수 있을 겁니다. 그렇게 되면 학생과 학부모는 해당 정부를 지지할 가능성이 높아지고 그렇게 되면 정권의 인기가 높아지는 것입니다.

이렇듯 전쟁이든 복지든 정부가 원하는 정책을 펴기 위해서는 돈이 필요해요. 부족하면 은행에게 빌려야 하고요. 결국 안정적으로 대출이 가능한 중

▌ 미국의 통화 단위, 달러(dollar).

앙은행이 정부에게는 꼭 필요한 것이지요.

따라서 중앙은행과 정부의 관계는 가까울 수밖에 없습니다. 그렇다면 정부는 중앙은행에게 어떤 특권을 주었을까요? 바로 돈을 만들 수 있는 권리를 준 겁니다. 오직 중앙은행이 만든 지폐만이 해당 국가에서 통용되는 화폐로 인정됩니다. 월급도 중앙은행이 만든 돈으로 주게 하고 일상생활에서 쌀을 사거나 이니면 햄버거나 치킨을 사 먹을 때도 중앙은행이 만든 돈을 쓰게 하는 거죠. 그리고 세금을 낼 때도 당연하게 중앙은행이 만든 돈으로 내게 법으로 규정했습니다. 물론 다른 은행들은 더 이상 자기네가 만든 돈을 사용하지 못합니다. 대신 중앙은행이 만든 돈으로 대출도 해 주고 예금도 받아야 하죠. 중앙은행을 은행 중의 은행으로 부르는 이유가 여기에 있습니다.

환전

중앙은행이 독점적으로 발행하는 화폐는 해당 국가 안에서만 통용됩니다. 따라서 자국의 화폐를 다른 나라에서 쓰려면 해당 국가의 화폐로 바꾸는 일이 필요하죠. 이것을 '환전'이라고 합니다. 말 그대로 '돈을 바꾸다.'라는 뜻이 랍니다.

여기서 잠깐, 우리나라 이야기를 해볼게요. 조선 말기 고종 시기로 갑니다. 주인공은 고종의 아버지인 흥선 대원군이고, 주제는 당백전이에요.

알아 두기: 다른 나라의 통화 단위는?

- 달러[dollar, USD]   미국의 통화 단위($)
- 엔[円(원), Yen, JPY]   일본의 통화 단위(¥ 또는 Y)
- 위안[元, CNY]   중국의 법정 통화인 인민화폐의 단위(￥)
- 유로[EURO, EUR]   유럽 단일 통화의 명칭(€)
- 파운드[pound, GBP]   영국의 통화 단위(£)
- 홍콩달러[HKD]   홍콩의 통화 단위(HK$)
- 싱가포르달러[SGD]   싱가포르의 통화 단위(S$)
- 호주달러[AUD]   호주의 통화 단위(A$)
- 캐나다달러[CAD]   캐나다의 통화 단위(DC$)
- 리라[Lira, ITL]   이탈리아 및 터키의 통화 단위(¤)
- 프랑[franc, FRF]   프랑스의 통화 단위(F. 또는 Fr.)
- 코루나[Koruna, CZK]   체코와 슬로바키아의 통화 단위
- 뉴질랜드달러[NZD]   뉴질랜드의 통화 단위(NZ$)

땡전 한 푼 없다

우리나라는 돈을 전(錢)이라고 불렀어요. 혹시 "땡전 한 푼 없다."란 말 들어 봤나요? 이 짧은 문장에 돈을 부르는 낱말이 두 개나 있습니다. '전'과 '푼'이에요. 전은 돈을 부르는 가장 큰 범위의 말이고, 푼은 전 중에서 천 원이나 오백 원처럼 액수가 작은 것을 부를 때 쓰는 말이에요.

"땡전 한 푼 없다."는 돈이 하나도 없다는 뜻입니다. 이 말은 흥선 대원군이 만들었던 '당백전'에서 유래한 말이에요. 당백전은 '일당백'을 한자로 표현한 거예요. 1 대 100이란 의미죠. 당시 조선사회에서 돈으로 유통되던 상평통

알아 두기: '땡전'과 '푼'

먼저 '푼'은 우리나라에 근대 화폐가 등장하기 이전에 사용되었던 조선통보·상평통보 등을 일컫는 엽전 한 장을 의미하는 것으로 10푼은 1전(錢)이며 10전(錢)은 1량이 되니 1량이면 100푼이었습니다. 또한 '땡전'은 고종 3년(1866년)에 흥선 대원군이 경복궁을 다시 지을 때에 막대한 경비 조달 등을 위해 당백전(當百錢)을 제조·통용시킨 데서 그 유래를 찾을 수 있습니다.

즉 당시 당백전은 실질 가치(소재 가치)가 상평통보의 5~6배에 불과한 반면 그 명목 가치는 실질 가치의 약 20배에 달하여 발행 초기에 쌀값을 6배로 폭등케 하는 등 국민들의 생활을 극도로 피폐하게 하였습니다. 이로 인해 당시 사람들이 '당백전'에서 '당전'을 거세게 발음하여 '땅전'으로, 다시 '땅전'을 '땡전'으로 보다 격하게 발음하게 되어 그 '땡전'이 오늘날까지 이어진 것으로 보입니다.

출처: 한국은행

보가 있었는데 흥선 대원군이 당백전을 만들고 그 값어치를 상평통보의 백배로 정해버린 거죠. 즉 상평통보의 백배라는 뜻이 바로 당백전이에요.

당백전의 등장 배경

사실 흥선 대원군이 당백전을 만든 것은 경제적 이유 때문입니다. 현대의 정부에 해당하는 당시 고종의 왕실은 가난했어요. 그런데 흥선 대원군이 경복궁을 크게 짓고자 했습니다. 워낙 크니 돈이 많이 드는데 왕실 재정이 바닥나서 쓸 돈이 없으니 자기네가 직접 만들고 나서 당백전의 가치를 기존 통화의 백배로 정해버린 거예요. 상식적이지 않은 조치였으나 그 누구도 반발을 할 수는 없었습니다.

▌ 경복궁의 모습. 고종 시절 흥선 대원군은 경복궁을 재건하고자 무리하게 당백전을 발행했다.

당백전의 실패

결국 흥선 대원군의 당백전은 실패합니다. 당백전의 지나치게 높은 가치가 부담스러워 사람들이 사용을 꺼렸거든요. 당백전은 결국 돈이 되지 못했어요.

그런데 문제는 당백전의 지나치게 높은 가치로 인해 물가가 폭등했다는 겁니다. 경제학 용어로는 이를 하이퍼인플레이션이라고 합니다. 경제에 막대한 피해가 발생한 건 말할 필요도 없고요.

사실 당백전의 실패에는 비밀이 있습니다. 흥선 대원군은 당시 좌의정이었던 김병학과 머리를 맞대고 당백전을 발행해서 화폐개혁을 이루자고 약속했습니다. 모든 것은 비밀리에 이루어지고 있었지요.

사례탐구 당백전 발행 이후에 물가는 얼마나 올랐을까?

1866년 11월부터 1년 동안 1,600만 냥이 제조되었던 당백전은 워낙 가치가 높게 책정되었기 때문에 돈의 기능을 제대로 할 수 없었습니다.

실은 당백전 유통을 원활하게 하려는 생각으로 왕실에서 추진하는 모든 공사 거래에서 기존의 상평통보와 함께 통용하게 하였고, 각 고을의 관청은 돈을 지불해야 할 경우가 생기면, 당백전은 3분의 2, 상평통보는 3분의 1 비율로 나눠주게 했습니다. 그 후 1~2년 사이에 물가가 모두 올랐는데, 특히 1866년 12월 일곱 냥에서 여덟 냥에 지나지 않았던 쌀 1섬의 가격이 1~2년 새에 6배로 폭등했습니다.

출처: 한국은행

실패의 비밀

흥선 대원군은 화폐개혁을 하면 소수의 사람들이 갖고 있던 부(Wealth), 즉 재물이 백성들에게 고루고루 분배되는 효과를 낳는다고 생각했습니다. 개혁 정치에 자못 흥분해 있었죠. 그러나 비밀은 이미 새어 나가고 난 뒤였습니다. 누가 누설했는지 밝혀지지 않았지만, 흥선 대원군의 계획은 소수 시전 상인들의 첩보를 통해 누설된 상태였습니다.

시전 상인들은 현대의 대기업에 해당합니다. 대기업들이 정부의 비밀스러운 화폐개혁을 알아버린 거죠. 많은 화폐를 가지고 있는 시전 상인들은 자신들의 화폐가 100분의 1로 떨어지는 손해를 볼 수도 있는 위기 상황이었습니다. 반대로 재산이 없는 백성들에게는 오히려 이익이 되는 것이었죠.

흥선 대원군의 이런 의도를 첩보를 통해 미리 접수한 시전상인들은 물건을 팔지 않았습니다. 상품을 몽땅 사서 안 파는 것을 매점매석이라고 합니다. 시전 상인들이 매점매석해 버리니까 더 이상 시장에서 물건을 살 수가 없었던 거예요. 실제로 당백전을 가져 오면 의도적으로 판매를 거부하기도 했답니다.

한국은행

서울 남대문 근처 송현동에 '한국은행'이라고 있어요. 그리고 지방에도 지점들이 있고요. 우리나라의 중앙은행은 한국은행입니다. 앞서 말했듯 중앙은행은 돈을 만드는 곳입니다. 돈을 만드는 걸 '화폐를 발행'한다고 합니다. 사실 지폐를 인쇄하는 곳은 조폐공사라는 곳이에요. 조폐공사에서 돈을 만들어서 한국은행으로 가져 오면 한국은행에서 차에 실어 정문 밖으로 가지

사례탐구 우리나라 지폐의 인물들

우리나라 돈은 천 원부터 지폐인데 그곳에 한국은행 총재의 도장이 찍혀 있습니다. 천 원에는 조선 시대 지식인이었던 퇴계 이황의 얼굴이 그려져 있죠. 그리고 오천 원은 율곡 이이입니다. 이 두 분은 서로 잘 알았어요. 나이 차이가 많이 났지만, 할아버지 이황 선생님이 젊은 청년 이이에게 반말하지 않고 존댓말로 대화했다고 합니다. 이황 선생님은 이이 선생님의 학식을 굉장히 높이 평가하신 거죠. 두 분은 철학뿐만 아니라 경제에 대해서도 굉장히 수준 높은 지식을 지니셨어요. 이런 까닭에 두 분 모습을 지폐에 넣게 된 것이죠.

만 원은 세종대왕입니다. 세종대왕께서는 한글 창제로 유명한 분이시죠.

오만 원은 지폐 중에 가장 단위가 높은 지폐입니다. 율곡 이이 선생님의 어머니이기도 한 신사임당의 얼굴이 오만 원권에 그려져 있죠.

고 나가는데요. '한국은행 정문 밖으로 나가면' 그때부터 우리나라에서 통용되는 돈이 됩니다.

지금까지 은행은 어떻게 만들어진 것이며, 또 왜 하필 은행이라고 부르게 되었는지, 은행은 어떤 일을 하는지, 그리고 중앙은행은 어떤 곳인지 등을 살펴보았습니다. 이제 이야기를 국제사회로 옮겨서, 국제사회에서의 돈의 전쟁과 협력에 대해서 알아보겠습니다.

돈의 협력 시대

이제 무대를 국제사회로 옮겨 볼까요? 지금부터는 국가 간 관계에서 돈이 어떤 모습을 취하는지 본격적으로 살펴보겠습니다.

$이제$ 무대를 국제사회로 옮겨 볼까요? 지금부터는 국가 간 관계에서 돈이 어떤 모습을 취하는지 본격적으로 살펴보겠습니다.

국제통화 체제의 변화

일반적으로 국제사회에서 돈의 활동을 국제통화 체제라고 표현합니다.

▌ 한때 국제통화에서 중심이 되었던 영국의 화폐.

국제통화 체제의 변화를 살피는 것은 곧 국제통화의 역사를 살피는 것과 같습니다. 하지만 우리에게 허락된 지면이 한정되었기 때문에 모든 역사를 일일이 펼쳐놓을 수는 없습니다. 우리는 19세기부터 시작합니다.

팍스 브리태니카

국제금융사에서 금본위제 시기였던 1880년부터 1914년을 팍스 브리태니카라고 합니다. '영국의 지배하의 평화'라는 뜻을 가진 팍스 브리태니카는 라틴어 Pax Britanica를 소리 나는 대로 적은 것입니다. 당시 영국은 세계의 패권을 쥐고 있었습니다. 영국의 주도하에 세계 질서가 개편되었던 시기지요. 역설적이지만 한 국가의 힘이 다른 나라를 압도하면 전쟁이 벌어지지 않습니다. 이는 정치나 군사 분야는 물론이고 통화와 같은 경제 문제에도 직접적인 영향을 미칩니다. 국제통화 체제는 금본위제였고 영국의 국가화폐인 파운드 스털링이 세계화폐로서 기축통화였습니다. 당시엔 정치·군사적으로 가장 강력한 나라의 국가화폐가 기축통화의 역할을 했습니다. 기축통화에 대해선 5장에서 자세히 설명하도록 하겠습니다. 19세기 국제금융 체제는 한 문장으로 요약하면, 영국의 정치·군사적 지배하에 국제 질서와 경제권이 개편되었던 시기라고 할 수 있습니다.

돈의 협력과 경제성장의 시대

1914년에 발발한 제1차 세계대전은 1918년 마무리됩니다. 그리고 1939년 제2차 세계대전이 발발했습니다. 사학자들은 제1차 세계대전이 끝나고 제2차 세계대전이 시작되기까지의 기간을 '전간기(Inter-War)'라고 부릅니다. 이 시기는 정치·군사적으로 혼란의 시대입니다. 그리고 우리가 관심을 갖고 알아보고 있는 국제금융 체제도 혼란의 시기입니다. 국제금융 체제의 맥락에

사례탐구 돈이 되기 위한 자격시험

옛날에 쌀, 소금 등은 그 자체의 사용 목적과 달리 물품화폐로서 널리 쓰였습니다. 그러다 금, 은, 동 등의 금속이 그릇, 장신구 등의 재료로 널리 쓰이게 되면서 이러한 것들이 금속화폐로 쓰이게 됐습니다. 따라서 옛날에는 이들 물품이나 금속 자체의 부피 혹은 중량이, 별다른 가치 보증 없이도 다른 물건을 살 수 있는 가치의 척도가 되었습니다.

그러나 국가의 형성과 기술 발전으로 국가에 의한 금속화폐의 표준화가 진행되면서 금속화폐의 주조권을 군주 등 국가권력이 소유하게 되었습니다. 그런데 군주들은 화폐 제조에서 이익을 얻을 목적으로 화폐의 귀금속 함유량을 감소시켜 화폐의 소재 가치가 액면 가치보다 낮은 주화를 발행하였습니다. 결국 이를 계기로 화폐의 소재로 쓰인 재료의 가치와는 별개의 명목상 교환가치를 가진 화폐가 등장하게 되었습니다.

이후 경제 규모의 확대, 원거리 무역이 증대됨에 따라 금속화폐의 대량 휴대 및 이동의 불편을 해소하기 위해 국가나 은행이 금, 은 등의 정식 화폐를 보관하고 그 보관 증서로 지폐를 발행하는 제도가 정착되었습니다. 즉 19세기 초 당시 세계 최고의 경제 강국이었던 영국은 화폐단위를 금의 일정량과 같게 하고 전액 금화로 지급하는 조건으로 지폐 등의 명목화폐를 통용시키는 금본위제도를 채택하였던 것입니다. 그리고 이것이 20세기 초에 이르기까지 많은 국가가 금본위제도를 채택하는 계기가 되었습니다.

출처 : 한국은행

서 이 시기는 금본위제와 은본위제가 복합적으로 적용된 시기입니다. 금과 은이 함께 사용된다는 의미에서 복본위제라고도 하죠. 곧이어 제2차 세계대전이 끝나고 평화의 시기가 옵니다. 이 시기를 팍스 브리태니카를 응용해서 팍스 아메리카라고 합니다.

브레튼 우즈 체제

경제학자뿐 아니라 여러 사람이 1945년 이후의 세계경제를 이야기할 때 브레튼 우즈 체제라는 용어를 사용합니다. 그렇지만 정작 정확하게 아는 사람은 드물어요. 이번 기회에 브레튼 우즈 체제를 정확히 이해해 봅시다.

제2차 세계대전이 끝나기 바로 직전인 1944년 세계 여러 나라는 미국의 뉴햄프셔에 있는 브레튼 우즈 호텔에 모여서 전쟁의 종식과 평화적 번영에 대

사례탐구 브레튼 우즈 협정

"우리가 전쟁을 피하고 서로서로 함께 잘 살기 위해서는 국제금융이 안정화되어야 하는데, 그렇게 하기 위해서는 서로 조언을 구하고 또 그것을 동의해 주어야 한다. 반면에 세계의 번영에 해가 되는 행위는 못 하게 해야 한다. 어느 한 나라가 자기에게 이득이 된다고 모두에게 해가 되는 행위를 하게 놔두어서는 안 된다. 그리고 각 나라가 거래를 하다 보면 있을 수 있는, 어느 나라는 큰 이익을 보는데 다른 나리는 손해를 보는 상황에서는 이익을 본 나라가 손해를 본 나라를 도와주어야 한다."

−1994년 7월 21일 브레튼 우즈 협정문

▌ 브레튼 우즈 협정의 장소인 마운트 워싱턴 호텔의 모습.

해 머리를 맞대고 고민해요. 그렇게 해서 탄생한 것이 브레튼 우즈 체제입니다. 연합국의 44개국이 미국의 뉴햄프셔주 브레튼 우즈에 모여 전후 세계 경제 질서의 원칙, 규칙, 제도적 장치에 관해 합의한 내용을 말하는 것이지요. 브레튼 우즈 체제가 유지되던 시기는 돈의 전쟁이 없는, 돈의 협력의 시대라고 할 수 있어요.

알아 두기: 브레튼 우즈 협정 장소

실제로 협정이 이루어진 장소는 '마운트 워싱턴 호텔'이었답니다. 이 호텔은 미국의 유명한 휴양지로 미국의 전직 대통령들이 자주 휴가를 보냈던 곳입니다. 하지만 브레튼 우즈라는 지명으로 알려져 있어 정작 마운트 워싱턴 호텔은 비교적 덜 알려졌지요. 마운트 워싱턴 호텔 입장에서는 다소 아쉬울 수 있는 상황이라 할 수 있겠죠.

브레튼 우즈 체제하의 돈의 협력 시대

브레튼 우즈 체제하의 돈의 협력은 쉽게 말해서 미국의 달러와 금을 바꾸어 주는 표준적인 제도를 지키기 위해 세계 여러 나라들이 함께 힘을 모아 노력한 일을 말합니다. 정확하게는 금 1온스를 35달러로 바꾸기로 세계 모든 나라들이 약속한 것을 말해요. 이것을 고정환율제라고 부릅니다. 금과 달러를 바꾸는 비율을 고정해 놓은 데서 유래된 용어입니다. 그리고 한동안 세계경제는 성장하고 번영했습니다. '전후 경제 기적', '영광의 30년'과 같은 이름으로 제2차 세계대전 이후의 세계경제 호황을 다양하게 표현하고 있습니다. 미국도 압도적인 경제성장으로 무역에서 보았던 손해가 큰 문제가 되지 않았습니다.

사실 미국이 무역 적자를 받아들인 것은 굉장히 용감한 일이라 할 수 있습니다. 미국 스스로 손해를 감수한 거죠. 미국이 무역 적자라는 손해를 감당할 수 있었던 것은 미국 경제가 급격하게 성장하고 있었기 때문이에요. 그런데 이것이 1960대부터 삐걱대기 시작하다가 결국 버티지 못하고 1973년 브레튼 우즈 체제를 포기하게 됩니다. 여기에 대해 조금 더 자세히 알아봅시다.

브레튼 우즈 체체 붕괴의 서막

브레튼 우즈 체제는 앞서 말했던 것처럼 '금 1온스를 35달러로 바꾸는 것'을 의미합니다. 그런데 이것은 쉬운 일이 아니었습니다. 사실 처음부터 경제학자들은 브레튼 우즈 체제의 붕괴를 경고했습니다. 무역 적자 문제가 항상 위협 요소였죠. 하지만 미국 경제가 워낙 크게 성장하고 있었기에 대부분은 무역 적자 문제를 심각하게 생각하지 않았어요.

각국 정부가 아무리 금과 달러의 교환 비율을 정해 놓아도, 사람들이 금을 거래할 때 금값이 변동하는 것까지 막을 수는 없었어요. 그래서 금값이 35달러보다 높을 때도 있고 낮을 때도 있었죠. 각국 정부, 정확하게 말해서 각국의 중앙은행은 금값이 35달러보다 내려가면 금값을 올리기 위해서 금을 마구 사서 금값이 올라갈 수 있도록 했어요. 그리고 반대로 금값이 35달러보다 더 높이 올라가면 마구 팔아서 시장에 금이 남아돌 정도로 만들어 금값을 내려가게 했죠. 더 많이 올라갈 때 팔아야 이득이 남는 구조지만, 금을 가지고 있었으면서도 금값이 올라가는 것을 꺼려했던 것입니다. 자국의 이익보다 국제금융의 안정을 위해서 한 일이에요. 그런 이유로 이 시기를 돈의 협력 시대라고 부릅니다.

금과 국제금융 안정

이 이야기는 간단하게 다음과 같이 한 문장으로 요약 할 수 있어요. "국

▍ 브레튼 우즈 체제에서 가장 중요한 것은 금값의 변동이다.

제금융 안정을 선택할 것인가 아니면 자국의 경제적 이득을 선택할 것인가?" 브레튼 우즈 체제는 금에 달러 가치를 고정해 놓은 제도인데, 금 가격이 몸부림치듯이 오르락내리락하자 달러의 가치가 안정적으로 유지될 수 없었죠. 브레튼 우즈 체제를 지탱하는 원칙 중 하나인 안정적인 가치를 지닌 돈을 공급한다는 원칙이 흔들린 거죠.

특히 이 시기에 금값이 엄청나게 오르기 시작합니다. 아까 말했던 것처럼 금값이 오르면 국제금융 질서가 불안정하게 되니까, 여러 중앙은행은 오르기 전에 빨리 팔아서 금값이 오르는 것을 막아야 하는데, 그렇게 하지 않고 완전히 오를 때가지 기다렸다가 팔아 버렸죠. 그래야 그 나라의 경제에 이득이 되기 때문입니다. 즉 국제금융의 안정을 추구할 것인가 아니면 자국의 경제적 이익을 추구할 것인가의 문제를 놓고 고민하다가 자국에 이익이 되는 결정을 한 겁니다.

브레튼 우즈 체제의 마지막 수호자, 골드 풀의 어이없는 붕괴

1961년 벨기에, 네덜란드, 스위스, 영국, 프랑스, 이탈리아, 독일, 미국 등 8개국의 중앙은행이 힘을 모으려 했던 골드 풀은 결국 붕괴됩니다. 국제금융 협력의 실패입니다. 이런 사태가 발생한 것은 앞서 말한 것처럼 몇몇 나라들이 손해를 보지 않으려고 금값이 내려가면 금을 사고, 반대로 완전히 오르면 그때 팔았기 때문입니다. 금값이 완전히 떨어지거나 오르기 전에 사고팔아야 효과를 볼 수 있을 것인데, 그렇지 않았지요. 원인을 조사하자 프랑스와 이탈리아를 비롯한 몇몇 나라에서 이 원칙을 지키지 않고 있음이 밝혀졌죠. 결국 미국은 금 1온스에 35달러를 바꿔주겠다는 브렌트 우즈 체제를 포기합니다. 미국의 금 보유량이 바닥을 드러내기 시작했거든요. 나중에 프랑스 대통령이 된 어느 관료는 "미국이 지금 내가 갖고 있는 달러를 금으로 안 바꿔 준다면, 프랑스 군함을 가지고 가서 찾아오겠다."는 말까지 했답니다.

브레튼 우즈 체제의 붕괴를 예견한 트리핀 교수

공급이 늘면, 즉 시장에 상품이 많아지면 상품 가격은 내려가는 것이 일반적입니다. 물건 값뿐만 아니라 돈도 마찬가지입니다. 돈이 넘쳐나면 값어치가 떨어지게 됩니다. 쉽게 말해, 화폐 공급과 화폐 가치의 관계는 공원에 있는 시소처럼 한쪽이 올라가면 다른 한쪽은 내려가는 구조입니다. 이런 구조상 미국이 달러 공급을 늘리면 달러 가치가 떨어지게 됩니다. 그러면 미국 정부의 적자가 늘어나게 돼요.

당시 이런 문제를 지적하며 브레튼 우즈의 붕괴를 예견한 사람이 있어요. 프랑스어를 주로 쓰는 벨기에 출신의 경제학자로 미국의 예일대학교 경제학 교수를 지낸 로버트 트리핀입니다. 트리핀 교수가 계속 브레튼 우즈 체제의 위험성을 지적하자 미국 의회는 청문회에 트리핀 교수의 출석을 요구합니다. 트리핀 교수는 청문회에서 자신의 견해를 피력했지만 미 의회의 반응은 회의적이었습니다. 1971년 브레튼 우즈 체제가 붕괴되기 전까지는 말입니다.

하지만 1971년 리처드 닉슨 대통령이 이제는 아무리 많은 달러를 가지고 와도 금으로 못 바꿔주겠다고 한 바로 그해부터, 트리핀 교수의 말은 전 세계적으로 주목 받기 시작했습니다. 이런 역설적인 현상을 트리핀 교수의 이름을 따서 '트리핀 딜레마'라고 합니다.

한편 트리핀 교수는 미국 사람들이 자신의 이야기를 귀담아듣지 않은 데 많은 실망을 했습니다. 결국 그는 1977년, 미국 시민권을 포기하고 고향 벨기에로 다시 돌아가 유럽 단일 통화 만드는 일을 시작했습니다.

달러의 위기, 중국의 부상

지금은 달러 지배 체제기입니다. 시기는 1971년부터 현재까지입니다. 근래에 들어 중국의 경제가 무서운 속도로 성장하고 있기에, 중국이 미국 다음으로 세계를 지배할 것이라고 예상하는 사람이 많아요. 이 사람들은 중국 지배하의 평화라는 말을 Pax Sinica라고 한답니다. 그대로 읽으면 팍스 시니카입니다.

여기서 왜 '차이나'가 아니라 '신'인지 궁금한 분들이 있을 것 같습니다. 알다시피 중국의 최초 통일국가는 진나라입니다. 진시황이 만든 나라죠. 중국을 부르는 이름이 'Sin'이 된 건 진나라를 영어식으로 표기했기 때문입니다. 중국이 경제성장을 통해 전 세계를 지배할 나라가 될지는 아직 장

사례탐구 국제통화 체제의 변화

- 금본위제도: 1880 ~ 1914년(팍스 브리태니카)
- 국제통화 질서의 혼란: 1918 ~ 1939년(제1차 세계대전 이후)
- 브레튼 우즈 체제: 1944 ~ 1971년(팍스 아메리카)
- 달러 지배 체제: 1971 ~ 현재(미국의 지배와 돈의 전쟁이 진행 중)

세계 각국의 달러 지폐.

담할 수 없지만 중국의 무서운 성장세를 보면 가능성이 아주 없다고는 할
수 없겠죠.

2009년 3월 저우 샤오촨 중국 인민은행 총재는 "현재의 상황에서는 트리
핀 교수가 말한 문제를 해결할 수 없습니다. 미국의 재정 적자가 심해지고
있습니다. 이제는 미국의 달러뿐만 아니라 중국의 위안화도 기축통화의 역
할을 해야 합니다."라고 말했습니다. 미국 주도의 국제통화 질서가 무너지
고 돈의 전쟁이라고 부르는 일들이 본격화되기 시작한 것입니다.

간추려 보기

- 국제사회에서의 돈의 활동을 국제통화 체제라고 한다.
- 영국이 세계의 패권을 쥐고, 영국의 화폐가 세계화폐로서 통용되던 1880년 부터 1914년을 팍스 브리태니카(Pax Britanica) 시대라고 한다.
- 1945년부터 1971년까지 미국의 주도 하에 세계경제 질서가 재편된 시기를 브레튼 우즈 체제라고 한다.
- 브레튼 우즈 체제는 각국의 달러 보유량이 미국의 금 보유량을 넘어서면서 결국 붕괴되었다.
- 1971년부터 현재까지 미국의 달러가 국제통화 체제를 이끌고 있다.
- 최근 중국이 무서운 속도로 성장하며 세계경제 질서에서 미국의 지위를 위협하고 있다.

기축통화

세계 모든 나라들은 기축통화를 발행하는 나라가 되고 싶어 합니다. 이유는 다양하지만 가장 중요한 것은 자국 화폐로 세계 다른 모든 나라의 물건을 마음대로 살 수 있다는 겁니다. 다른 나라들은 자신의 국가화폐를 기축통화국의 화폐로 바꾸어야 비로소 무역이 가능한데, 기축통화국은 이런 번거로운 일을 하지 않아도 됩니다.

조금 어려운 주제일 수 있지만, 기축통화는 돈의 전쟁을 이해하는 데 있어 매우 중요합니다. 이번 장에서는 기축통화국의 이점, 단점 그리고 조건에 관해 이야기해 보겠습니다.

세계 모든 나라들은 기축통화를 발행하는 나라가 되고 싶어 합니다. 이유는 다양하지만 가장 중요한 것은 자국 화폐로 세계 다른 모든 나라의 물건을 마음대로 살 수 있다는 겁니다. 다른 나라들은 자신의 국가화폐를 기축통화국의 화폐로 바꾸어야 비로소 무역이 가능한데, 기축통화국은 이런 번거로운 일을 하지 않아도 됩니다.

기축통화국의 이점

여러 나라가 기축통화국이 되고 싶어 하는 까닭은 단지 편리함 때문만은 아닙니다. 이외에도 많은 이점이 있죠. 특히 기축통화와 자국 통화의 환전 시 기축통화국이 가지는 절대적 유리함이 있어요. 미국 달러와 우리나라 돈이 이런 경우에 해당합니다. 1달러는 우리나라 돈의 약 1,000원에 해당하니까요. 1 대 1,000은 굉장히 큰 비율이죠. 미국 사람들은 1달러만 가지고 있으면 우리나라 1,000원짜리 물건을 살 수 있다는 겁니다. 물론 반대로 우리나라 사람은 1,000원이 있어야 미국 1달러짜리 물건을 살 수 있죠.

또한 이런 경우도 있습니다. 미국과 우리나라가 무역을 하는 상황을 생각해 봅시다. 무역에서는 반드시 기축통화가 필요합니다. 그런데 만일 기축통화인 달러가 부족하다면? 미국은 바로 자신의 국가화폐인 달러를 발행해 버리면 됩니다. 그렇지만 우리나라는 그럴 수 없어요. 달러라는 기축통화를 미국에게 빌리든지 아니면 미국이 아닌 다른 나라와의 무역에서 달러를 벌어들인 다음, 확보된 달러로 거래해야 해요. 이것이 바로 기축통화를 발행하는 국가가 무역에서 누리는 특혜입니다.

기축통화국의 단점

우리가 기축통화에 대해서 이야기할 때 흔히 범하는 실수가 있습니다. 기축통화를 발행하는 나라는 무조건 이익만 생길 것이라는 오해죠. 사실 기축통화를 발행하는 것은 이익이 많긴 하지만, 그것 때문에 감당해야 할 부분도 적지 않습니다. 이번엔 재정 적자에 대해서 이야기 해 보겠습니다. 재정 적자란 정부가 버는 돈보다 쓰는 돈이 많은 것을 가리키는 경제 용어예요. 쉽게 말해서 손해를 보고 있다는 거죠. 이렇게 생각해 볼까요. 여러분의 일주일 용돈이 1만 원인데, 쓴 돈이 2만 원이면 1만 원만큼 적자라고 합니다. 빌려 쓰거나 나중에 준다고 하고 먼저 물건을 사는 경우 적자가 만들어지게 되는 거죠. 적자가 계속해서 늘어 가면 빚더미에 오르기 때문에 문제가 심각합니다.

정부는 세금을 걷거나 국채를 발행하는 방식으로 재원을 확보합니다. 국채란 일종의 채권으로서 쉽게 말해 정부가 빚을 지는 것이에요. 국채를 많이

▌ 국제무역에서 수출입의 균형은 매우 중요하다.

발행하면 빚이 늘어나 정부가 재정 적자 상태에 빠집니다.

앞서 말했듯, 기축통화가 되기 위해서는 많은 나라 사람들이 기축통화국의 화폐를 가지고 있어야 합니다. 이렇게 되기 위해서는 기축통화국이 달러를 세계 여러 국가들에게 무상 원조 하거나 다른 국가들이 기축통화국과 무역을 해서 이득, 즉 무역수지 흑자를 훨씬 많아 봐야 해요. 세계 여러 나라가 무역 흑자를 봐야 하니 기축통화국은 어쩔 수 없이 무역 적자국이 되어야 합니다. 즉 기축통화국이 되기 위해서 그 나라는 무역에서 적자를 봐야 하고 다른 나라들은 흑자를 내야 합니다. 역설적이지만, 기축통화국은 항상 무역 적자를 벗어날 수 없습니다.

우리나라와 미국의 예를 들어 설명해 보겠습니다. 우리나라는 1950년부터 3년여 동안 전쟁을 했던 나라예요. 전쟁을 겪으면 공장이나 학교 등 많은 시설물을 다시 지어야 하는 일이 벌어집니다. 전쟁 후에 미국은 우리나라와 무역을 하고 싶어 했습니다. 그래서 우리나라에게 달러 원조를 줬어요. 원조는 여기서 잠시 수지(收支)에 대해 알아보죠. 수지는 영어로 'Balance'라고 합니다. 직역하면 '균형'이라고 해도 되는데, 경제를 다루는 곳에서 밸런스가 나오면 조금 다른 뜻으로 이해하는 게 필요합니다.

경제에서 수지란 '거래하고 남은 금액'이라는 뜻이에요. 그러니까 "수지가 맞다."라는 말을 곧잘 사용하는데 그 뜻은 거래하고 남은 금액이 있다는 말입니다. 그러니까 '단기', 즉 일시적인 거래에서 "수지가 불균형이다."라고 누군가 말하면, 그 뜻은 "이익과 손해가 너무 큰 차이가 난다." 이런 뜻입니다.

달러를 이자를 받지 않고 그냥 주는 것을 말해요. 달러가 있어야 무역을 할 수 있으니까, 먼저 달러를 줘서 경제를 어느 정도 회복시켜 놓고 무역 거래를 하겠다는 생각에서죠. 미국은 나중에는 더 이상 원조하지 않고 이자를 받고 빌려주었는데 상당히 싼 값의 이자만을 받았어요. 그리고 우리나라가 어느 정도 경제성장을 한 다음에는 대등한 거래를 하게 되었죠.

쌍둥이 적자

기축통화국은 항상 경제성장을 해야 하니까 엄청난 정부 지출을 통해서 기업의 투자 활동을 도와야 합니다. 도로, 전기, 가스, 항만, 철도, 다리 같은 기반 시설은 특정 기업이 개별적으로 구축할 수가 없습니다. 엄청나게 돈이 들기 때문이에요. 오로지 국가만이 막대한 지출을 통해 이를 할 수 있습니다. 국가가 먼저 많은 투자를 해서 기업이 경제활동을 순조롭게 할 수 있는 환경을 조성해 놓는 거죠. 그런데 많은 지출을 한 국가는 어떻게 될까요? 세금으로 벌어들인 재산보다 많이 쓰니 적자겠죠. 그래서 빠른 속도로 경제성장하는 국가는 불가피하게 재정 적자 상태가 되는 것입니다. 특히 기축통화국은 재정 적자를 피하기 어렵겠죠? 이런 이유 때문에 기축통화국인 미국은 만성적인 무역 적자와 재정 적자에 시달리는 거예요. 이를 '쌍둥이 적자'라고 합니다.

기축통화국의 조건

정리해서 말하면 적자를 보는 것보다 기축통화를 발행하는 나라가 되는 것이 이익일 때만 기축통화국이 되고 싶어 하는 겁니다. 조금 복잡하지만 손익을 냉정하게 따지는 국제사회의 경제 분야에서는 빈번하게 일어나는 일입니다.

재정 적자가 전혀 문제가 되지 않을 경우가 있어요. 간단히 말해 100만 원 월급을 받는 사람이 월급을 받고 200만 원을 써 버리면 100만 원만큼 적자이어서 문제이겠지만, 다음 달에 월급이 200만 원으로 오르게 되면 문제가 전혀 되지 않는 거죠. 그리고 만약 다음 달에 월급이 오르게 된 것이 사실은 이번 달에 200만 원을 썼기 때문이라면, 이번 달 월급보다 돈을 많이 쓴 것은 잘한 일이 되는 겁니다. 전문가들은 다음 달 월급이 200만 원으로 오르는 것을 "국가 경제가 성장했다."고 말해요. 재정 적자는 경제성장이 크게 이루어지면 문제가 되지 않아요.

미국이 엄청난 경제성장을 이루고 있었던 1920년대 후반부터 1960년대 후반까지가 대표적입니다. 1960년대 후반이 되면 미국이 독주하던 시대가 끝나고 독일과 일본이 경제적으로 급격하게 성장하면서 미국의 자리를 위협했습니다. 그리고 유럽도 빠른 속도로 회복 중이었죠.

유럽과 일본의 성장

유럽과 일본이 경제적으로 성장하고 이들 나라가 무역에서 흑자를 보니, 당연히 이들 국가는 많은 달러를 보유하게 됩니다. 그런데 유럽과 일본을 위시한 나라들이 달러와 금을 교환하려고 하자 문제가 터진 거예요. 그동안 많은 달러를 찍어서 무역을 했는데, 금하고 바꿔줘야 하는 상황이 온 거죠. 그런데 달러는 종이와 잉크만 있으면 찍어서 유통시키면 되지만, 금은 한정되어 있습니다. 미국은 달러를 금으로 바꿔 주고 싶어도 바꿔 줄 수가 없었어요. 달러를 지나치게 발행하는 바람에 달러 보유고가 금 보유량을 넘어서

▌ 일본의 화폐, 엔화.

버린 것입니다. 이 사실이 알려지자 금값은 1온스에 35달러 이상으로 오르게 됩니다. 마침내 브레튼 우즈 체제가 흔들리게 되었던 것입니다. 전후 국제금융 체제를 떠받치고 있던 '팍스 아메리카'의 신뢰가 의심받게 된 것이죠.

사례탐구 화폐의 가치와 기본 요건

국가 간 교역 규모가 더욱 확대되면서 지폐 등 명목화폐 발행조건인 금의 공급에는 한계가 있었으며, 제1차 세계대전 등의 전쟁은 국가로 하여금 금의 준비 없이도 지폐를 발행하는 계기를 제공하였습니다. 이로써 점차 금과 지폐의 가치에는 1대 1의 관계가 사라졌으며 결국 오늘날의 화폐에 그 소재가치와 무관한 액면이 정해지게 되었습니다. 그 대신 오늘날 거의 모든 국가가 정부 행정조직과는 별개인 중앙은행을 설립하고 그 중앙은행에게 화폐의 독점적 발행 권한을 부여하여 화폐가치 안정(물가 안정)의 책무를 수행토록 하고 있습니다.

이러한 화폐의 역사적 흐름을 감안할 때 오늘날 화폐의 기본요건은 화폐 단위와 '액면' 및 '발행 기관'으로 집약할 수 있으며, 이 기본 요건을 법적으로 엄격하게 관리하는 것이 화폐에 대한 신뢰를 갖게 하는 핵심입니다. 먼저 화폐단위를 보면 우리나라는 1962년 제정된 긴급통화조치법에서 '원'으로 규정하고 있으며 미국은 미국 법전 제31편 통화 및 금융에서 '달러(dollar)'로 명시하고 있습니다. 또 일본의 화폐단위는 통화의 단위 및 주화의 발행 등에 관한 법률에서 '엔(圓)'으로 정하고 있으며 캐나다, 호주, 싱가포르는 자국의 화폐법에 '달러(dollar)'로 규정하고 있습니다.

출처: 한국은행

돈의 전쟁 시대

돈의 협력 시대가 끝났다고 바로 돈의 전쟁 시대가 온 것은 아니에요. 한참 동안은 협력도 없고 전쟁도 없는 채로 시간이 흘러갔습니다. 그러다가 돈의 전쟁이 시작된 것은 중국 경제가 눈부신 성장을 하고 난 이후입니다. 이 시기에는 중국과 함께 러시아와 일본의 경제도 급속하게 성장했습니다.

돈의 협력 시대가 끝났다고 바로 돈의 전쟁 시대가 온 것은 아니에요. 한참 동안은 협력도 없고 전쟁도 없는 채로 시간이 흘러갔습니다. 그러다가 돈의 전쟁이 시작된 것은 중국 경제가 눈부신 성장을 하고 난 이후입니다. 이 시기에는 중국과 함께 러시아와 일본의 경제도 급속하게 성장했습니다.

기축통화는 고사하고 유럽을 붕괴시킬 뻔한 유로화

유럽에서는 '유로'라는 이름의 돈이 생겨났습니다. 유로는 유럽의 통화를 하나로 통일시킨 화폐단위입니다. 그 이전에는 프랑스의 돈은 프랑, 독일의 돈은 마르크, 이탈리아의 돈은 리라 등으로 불렀지만, 이제는 모두 유로로 통일되었습니다. 유로만 있으면 유럽 어디를 가더라도 물건을 살 수 있어요. 유럽인들은 유로화를 만든 것에 꽤 자부심이 있는 것 같아요. 유로화는 굉장히 독특한 현상이니까 조금 더 알아보기로 해요.

유로화는 단일 통화라고도 부르는데 유럽이 하나의 나라가 되길 원하는 사람들은 유럽의 통합을 위해서는 통화가 통일되어야 한다고 주장했습니다. 상당히 어려운 일이었지만 결국 유럽의 통화는 하나로 통일되었어요. 모

| 유로화는 달러에 대항하기 위해 만든 유럽의 통합 화폐다.

든 나라가 이점이 더 많다고 생각했던 거죠. 그중에 한 이유가 유로화를 만들어서 미국의 달러에 대적하게 하자는 것이었습니다. 유럽엔 여러 나라가 있지만 어느 한 나라도 미국과 게임이 되지 않지만, 유럽 대륙 전체라면 어느 정도 대적이 가능하리라고 생각한 거죠. 돈의 전쟁이 시작되기 바로 전 상황입니다.

이러한 배경 속에 1980년대 말과 1990년대 초반에는 유로화를 주제로 영화가 몇 편씩 나오기도 했어요. 주로 미국에서 만든 영화였는데, 액션 영화가 많았죠. 내용은 아주 간단했습니다. "어떤 나쁜 집단이 유럽에 하나의 화폐를 만들어 세계를 지배하려고 한다." 이런 종류의 이야기였어요. 미국 입장에서는 유로화가 만들어지면 자국에 위협이 될 거라는 염려가 있었죠. 그전까지는 달러가 유일한 기축통화 노릇을 했었는데 유로화가 만들어지면 최소한 유럽은 달러보다 유로화의 영향력이 커질 가능성이 높으니까요.

유로화를 만들 때 전문가들은 다음과 같이 이야기했어요. "유로화를 공통으로 사용하겠다고 약속한 나라들은, 비슷한 경제 규모와 경제적 체질을 갖고 있기 때문에 이전처럼 따로 정책을 집행하지 않고, 모두 동일한 정책을 써야 합니다. 자신의 실정에 더 유리하다고 해서 독자적인 정책을 쓰면 안 됩니다. 만일 그러한 일을 한다면 그 나라는 유로화 그룹의 회원국이 될 자격이 없습니다."

그런데 이 말은 현실성이 떨어집니다. 유럽에서 가장 부자는 독일입니다.

사례탐구 PIGS

PIGS라는 말 들어 본 적 있나요? 포르투갈(Portugal), 이탈리아(Italy), 그리스(Greece), 스페인(Spain)의 앞 글자만 따서 새로운 단어를 만든 거랍니다. 그런데 이 낱말은 돼지들이란 뜻이에요. 이는 위의 네 나라들이 경제적 어려움에 처해 다른 회원국에게 도움을 요청했을 때, 부유한 회원국들이 이들을 얕잡아 보고 모욕적으로 사용한 말입니다. 결국 서로 경제적 원조를 한다는 약속은 지켜지지 못한 셈이죠. 안타깝게도 이런 현상은 지금도 계속되고 있습니다.

더 안타까운 것은 PIGS에 아일랜드(Ireland)가 포함된 'PIIGS', 영국(Great Britain)이 포함된 'PIGGS'라는 낱말까지도 만들어졌다는 것입니다. 유로화의 실패를 단적으로 보여주는 사례죠.

독일이 자동차 한 대를 만드는 데 10명의 근로자가 10시간 동안 일하면 된다고 가정해 보죠. 그러면 그리스나 스페인 같은 나라는 같은 차를 만드는 데 이보다 2배 더 많은 시간과 근로자가 필요합니다. 이걸 경제학자들은 노동생산성이 2배 차이가 난다고 말합니다. 그런데 동일한 유로화를 사용하니까 그리스나 스페인의 자동차가 독일의 자동차보다 훨씬 비싼 거예요. 게다가 유로화라는 동일한 가치를 가진 돈으로 팔아야 하니 사람들이 독일 차를 그리스나 스페인의 차보다 선호할 수밖에 없는 겁니다. 이것이 1년이나 2년 정도 그러고 말면 문제가 되지 않겠지만, 벌써 꽤 오랫동안 이러한 상황이 지속되었습니다. 처음부터 잘못 채워진 단추인 겁니다.

결국 유로화는 기축통화가 되어 달러를 넘어서기는커녕 유럽 전체를 위기에 빠트릴 뻔했습니다. 사실 하나의 돈으로 유럽이 뭉칠 수 있고 그렇게 하면 유럽은 엄청난 경제성장을 할 것이라고 했던 분이 있었는데, 아이러니하게도 그 분은 노벨 경제학상을 받았답니다.

치앙마이 이니셔티브

치앙마이 이니셔티브는 간단히 말해, 회원국이 외환 위기 위험에 직면할 경우 이를 구제하기 위한 기금 조성을 골자로 한 협약입니다. 치앙마이는 방콕의 유명한 휴양지 이름입니다. 그곳에서 일본을 위시한 여러 나라가 협정을 맺었기 때문에 이런 이름이 붙었죠. 이니셔티브는 '구상하다'는 뜻입니다. '생각하다' 정도로 이해하시면 될 것 같아요.

일본은 아시아의 경제 대국입니다. 돈이 많죠. 그래서 아시아에서는 일본 돈인 엔화를 기축통화로 삼고 싶어서 이런 제안을 하게 된 거예요. 기축통화

▌ 국제통화기금(IMF)은 우리나라의 외환 위기 당시 우리나라에 대규모 대출을 해 주었다.

는 다른 나라의 신뢰가 반드시 필요합니다. 그래서 아시아의 다른 국가에게 믿음을 주기 위해 위와 같은 제안을 한 셈입니다. 또 '미야자와 플랜'이라는 것도 있어요. IMF(국제통화기금)을 본따 AMF(아시아통화기금)를 만들어서 공조를 모색했던 것이 미야자와 플랜입니다.

일본의 패착

그런데 아니나 다를까 태국에서 시작된 외환 위기가 아시아 국가를 휩쓸고 지나갔습니다. 우리나라뿐만 아니라 다른 나라도 정말 어마어마한 국가적 손해를 보았죠. 많은 기업이 망가지고 회사원과 근로자는 직장을 잃게 되었어요. 대학생들의 취업 길도 막혔습니다. 이제 치앙마이 이니셔티브와 미

사례탐구 미야자와 플랜(아시아 지원 특별 엔 차관)

일본이 1998년 아시아 경제 위기 해소와 국제금융 시장 안정을 위해 우리나라를 포함, 아시아 5개국에 3백억 달러를 지원키로 한 계획입니다. 미야자와 기이치 대장상(우리나라의 기획재정부 장관)의 주도로 계획이 수립되었기 때문에 그의 이름을 딴 것이죠.

중·장기 자금은 일본 수출입은행을 통한 직접 차관, 채권 발행 및 민간은행 융자에 대한 보증용 등으로 지원됐습니다. 단기자금은 통화 스와프(우리나라 돈과 일본 돈을 바꾸어 주는 것)식으로 사용됐고요.

우리나라도 미야자와 플랜에 따라 1999년에 일본과 50억 달러의 통화 스와프 협정을 맺은 바 있습니다. 미야자와 플랜은 외환 위기 당시 경제 대국으로서의 일본의 위상을 세우고 아시아 금융시장을 안정시키기 위한 의도로 실행되었으며 또한 일본이 추진하고 있는 아시아통화기금(AMF) 및 엔블럭을 구축하기 위한 사전 단계이기도 합니다.

출처: 네이버 지식인

알아 두기: IMF(국제통화기금)

IMF(국제통화기금)는 우리나라가 1998년 외환 위기를 당했을 때 돈을 빌려 준 국제기구입니다. IMF는 대출의 대가로 우리나라의 정부 정책에 많은 간섭을 했습니다.

야자와 플랜이 작동해야 할 시점이 온 거죠. 그러나 정말 안타깝게도 이들은 제 역할을 하지 못했습니다. 이 사건을 계기로 일본은 아시아에서 신뢰를 잃게 되었습니다.

특별인출권

아직 지구상에 세계화폐란 존재하지 않아요. 하지만 세계화폐와 유사한 기능을 하는 것은 있습니다. 국제통화기금의 특별인출권이 그것인데, 만드는 방식이 상당히 특이합니다.

특별인출권은 여러 나라의 돈을 모아서 만든 돈이라 할 수 있습니다. 특별인출권은 각 국가가 돈을 낸 만큼의 지분을 차지합니다. 미국이 가장 많은 41.73%, 그 뒤로 유로화가 30.93%, 중국이 10.92%, 일본이 8.33%, 그리고 마지막으로 영국이 8.09%를 차지해요. 특별인출권에 지분을 갖기 위해서는 다른 나라의 찬성이 필요합니다. 특별인출권은 말 그대로 어느 나라가 필요하다고 생각할 때 돈을 빌릴 수 있는 특별한 권한을 의미하는 것이에요. 외환 위기나 다른 일로 급하게 돈이 필요할 때 위에서 적었던 퍼센트(%)만큼 빌릴 수 있는 권한이 있는 거죠. 혹은 그 권한을 다른 나라에게 빌려줄 수도 있어요. 그럼 다른 나라는 그 돈으로 국가적 위기 상황을 타파할 수도 있습니다. 그 액수가 상당히 크기에 특별인출권을 갖고 있다는 것은 막강한 권력을 가진 것이라고 할 수 있지요.

엔의 국제화, 위안화의 국제화, 루블의 국제화

돈의 전쟁은 사실 기축통화가 되기 위해 다투는 것이 아니라 달러를 대체

▍러시아의 통화. 루블화.

할 화폐의 지분을 나눠 갖기 위한 싸움입니다. 어느 규모로 나눠 갖는지를 두고 치열하게 신경전을 벌이고 있지요. 실제로 각국은 돈의 전쟁 대신에 다른 용어를 사용합니다. 일본의 경우 엔의 국제화, 중국의 경우 위안화의 국제화, 러시아의 경우 루블의 국제화라고 하죠.

　일본이나 중국 그리고 러시아와 유럽은 미국처럼 무역 적자와 재정 적자를 감당할 수 있는 나라가 아니에요. 당연하지만, 무역 흑자, 재정 흑자를 원하죠. 그러니까 실제로 기축통화가 되기 위해서 싸우는 것이 아니라 미국을 제외한 나머지 나라가 서로 특별인출권을 더 많이 갖겠다고 싸우는 거랍니다. 이것이 돈의 전쟁의 본질입니다.

사례탐구 중국의 위안화가 특별인출권 구성 통화에 포함되다

2015년 11월 30일 국제통화기금(IMF) 집행위원회는 5년마다 열리는 특별인출권 검토 회의에서 중국의 위안화를 달러, 유로, 엔, 파운드에 이어 다섯 번째로 특별인출권 구성 통화에 편입시켰습니다.

이 결정은 벤 버냉키가 강조하듯이 실속보다는 상징적인 의미가 큽니다. 그러나 경제 효과적 측면에서가 아니라 국제금융 권력 질서라는 면에서는 실로 엄청난 변화라 할 수 있습니다.

이는 마치 1944년 미국 뉴햄프셔주 브레튼 우즈 호텔에서 전후 국제경제 질서의 설계를 어떻게 할 것인가를 두고 벌어진 다툼과 유사합니다. 중국은 특별인출권 10.92% 지분으로 IMF에 들어갔습니다.

향후 국제금융 질서에 관한 논의에서 중국이 외부자가 아닌 내부자로서 10.92%의 투표권을 갖는다는 것이 이번 결정의 진정한 의미라 할 수 있습니다. 이는 중국이 미국의 협력 파트너가 되었음을 의미하는 것이자 동시에 중국이 국제금융 질서에 10.92%만큼의 책임이 있음을 선언한 것이기 때문입니다.

출처: 2016년 1월 1일 자 《시사인》 칼럼

돈들은 지금

미국 무역대표부는 2018년 3월 13일 중국 제품에 대해 매해 300억 달러의 관세를 광범위하게 부과하겠다는 계획을 트럼프 대통령에게 보고했다고 합니다. 만일 그렇게 된다면 중국이 미국에 수출하는 중국산 상품의 가격이 오르게 되는 것이어서 막대한 규모의 경제적 손실을 입게 됩니다. 중국은 굉장히 화가 난 상태입니다.

돈의 전쟁 중 가장 무서운 일은 현재 진행 중입니다. 이 이야기를 제대로 이해하기 위해서는 조금 긴 배경 설명이 필요합니다. 그전에 잠시 언론에 실린 미국과 중국 간 이야기를 들어볼게요.

미국 무역대표부는 2018년 3월 13일 중국 제품에 대해 매해 300억 달러의 **관세**를 광범위하게 부과하겠다는 계획을 트럼프 대통령에게 보고했다고 합니다. 만일 그렇게 된다면 중국이 미국에 수출하는 중국산 상품의 가격이 오

▎ 미국과 중국은 현재 치열한 무역 전쟁을 벌이고 있다.

르게 되는 것이어서 막대한 규모의 경제적 손실을 입게 됩니다. 중국은 굉장히 화가 난 상태입니다.

중국의 태도도 만만치 않습니다. 중국은 미국 재무성 **국채**를 팔아버리겠다고 합니다. 미국 재무부의 공식 집계에 따르면 중국이 보유한 미국 국채 물량은 1조 1,800억 달러 수준입니다. 중국의 미국 국채보유액은 2007년 4,780억 달러였지만 2010년 1조 1,600억 달러로 급증했습니다.

글로벌 임밸런스

글로벌 임밸런스(Global Imbalance)라는 용어가 있어요. 미국과 중국 사이의 무역이 균형을 잃었다는 의미를 전하려고 만든 단어입니다. 미국은 중국으로부터 많은 상품을 수입하는데 정작 중국은 미국만큼 수입하지 않아서, 중국이 일방적으로 무역 흑자를 보고 있다는 의미예요. 미국 입장에서는 불편할 수밖에 없습니다. 글로벌 임밸런스 상황에서는 미국이 경제적으로 손해

❚ 19세기 영국과 청나라는 아편 문제로 전쟁을 치렀다.

를 보기 때문이죠.

국가 간 무역 불균형 상태는 오래전부터 있었습니다. 영국과 중국 역시 한때 글로벌 임밸런스로 크게 충돌했던 적이 있습니다.

혹시 '아편전쟁'이라고 들어보셨나요? 아편전쟁은 영국과 중국 사이에 있었던 전쟁입니다. 더 정확히 말하면, 영국과 청나라 사이에 있었던 전쟁이죠. 글로벌 임밸런스를 설명하기에 이보다 더 좋은 사례는 없을 겁니다.

영국과 청나라의 글로벌 임밸런스

흔히들 영국을 신사의 나라로 알고 있지만 영국은 산업혁명(Industrial Revolution)을 통해 부를 축적한 세계 제일의 강국이기도 했습니다. 영국은 주로 면직물을 만들어 팔았는데요. 사람들이 한 땀 한 땀 만들어서 파는 것과 달리 공장에서 기계가 만들어 내는 면직물은 그 양이 엄청났습니다.

영국은 이를 주로 당시 식민지였던 인도에 많이 팔았는데, 인구가 많은 청나라에도 면직물을 팔려고 했죠. 하지만 청나라 입장에서는 세계 제일의 품질 좋은 비단이 있으니 영국산 면직물을 살 필요가 없었습니다. 반대로 영국은 청나라로부터 수입하고자 하는 물품이 많았죠. 이런 상황이 영국과 청나라 간 무역 불균형을 초래했습니다.

영국은 차(茶)를 좋아하기로 유명합니다. 오후 3시나 4시가 되면 어김없이 차를 마시곤 해서 아예 잉글리시 티타임(English Tea Time)이라는 말이 있을 정도입니다. 그래서 청나라에게 막대한 규모의 차(茶)를 사야 했고, 그 대가로 또 엄청난 양의 은화(銀貨)를 지불해야 했습니다.

차와 함께, 청나라에서 만든 찻잔과 찻잔 받침 등 중국 도자기도 자국에

▎ 국가 간 무역 수지 불균형은 전쟁을 초래하기도 한다.

서 큰 인기를 끌어 영국은 청나라에 정말 많은 돈을 쓰게 되었답니다. 영국 입장에서는 국부(國富)의 유출이 발생한 거죠.

아편전쟁

그러던 차에 아편이 등장하게 됩니다. 우연히 당시 영국의 식민지였던 인도에서 생산했던 아편을 청나라 사람들에게 팔았는데 이것이 청나라에서 선풍적인 인기를 끌게 됩니다. 여러분들도 아시다시피 아편은 마약이에요. 먹으면 환각작용이 일어나서 도무지 일상생활을 하지 못하는 데다 중독성까지 심각한 위험한 약품입니다. 그런데 값은 무척 비싸죠. 영국이 청나라에 아편을 얼마나 많이 팔았던지, 1830년대 말 즈음, 청나라의 아편 중독자는 500만 명이 넘었다고 합니다.

영국은 아편을 청나라에게 팔아서 많은 경제적 이익을 누렸던 반면, 청나라는 백성들의 아편 중독으로 나라가 망할 지경에 이르게 됩니다. 이번엔 청나라의 국가적 부가 급속하게 영국으로 빠져나가게 된 거죠.

더 이상 두고만 볼 수 없었던 청나라의 황제는 영국인들이 파는 아편을 강제로 빼앗아 바다에 버렸습니다. 그 일이 있고 난 뒤 한마디로 난리가 납니다. 영국이 가만히 있지 않은 거죠. 그래서 결국엔 대포가 날아다니는 전쟁을 하게 되었습니다. 그리고 그 전쟁은 청나라의 패배로 끝이 납니다.

이것이 아편전쟁의 간단한 배경입니다. 한쪽 나라에게만 부가 흘러 들어가면 결국 전쟁으로 치닫게 된다는 교훈을 주죠.

글로벌 임밸런스의 두 사례: 영국과 중국 vs 미국과 중국

영국과 청나라가 결국 전쟁을 하지 않을 수 없었던 것은 두 나라의 경제적 이익이 서로에게 양보할 수 없을 정도로 반대 방향이었기 때문입니다. 그러나 현재 미국과 중국의 관계는 그렇지 않습니다.

청나라가 많은 양의 상품을 일방적으로 영국에게 팔고 그 대가로 막대한

┃ 미국과 중국의 무역 수지 불균형이 반드시 서로에게 손해가 되는 것은 아니다.

▌ 세계 각국은 자국의 이익을 위해 때로는 협력하고 때로는 대립한다. 영국과 중국 역시 마찬가지다.

규모의 은화를 수입으로 얻어 영국이 일방적으로 경제적 손해를 보았던 것이 19세기 청나라와 영국의 글로벌 임밸런스였다면 최근 중국과 미국의 글로벌 임밸런스는 두 나라 모두에게 이익이 되는 구조거든요.

미국이 중국 수출품을 많아 살 수밖에 없어서 경제적으로 손해인 것처럼 보이지만 사실은 중국이 수출을 통해 벌어들인 달러를 미국 정부가 발행하는 채권을 사는 데 써서 결국 달러가 아시아로 왔다가 다시 미국에게 흘러들어가는 셈입니다. 따라서 미국이 일방적으로 손해를 보는 구조는 아니지요.

그런데 만약 중국이 미국 정부의 채권을 더 이상 사지 않는다고 공언하면 어떻게 될까요? 아주 무시무시한 일이 일어나겠죠. 바로 영국과 청나라 사이에 벌어진 일이요. 다행히 당분간 그런 일은 일어나지 않을 겁니다. 중국과 미국 두 나라 모두 전쟁과 같은 상황이 자국에 막대한 피해를 입힌다는 사실을 잘 알고 있거든요.

마무리하며

"자세히 보아야 예쁘다.

오래 보아야 사랑스럽다.

너도 그렇다."

이 문장은 나태주 시인의 〈풀꽃〉 중 일부입니다. 돈의 전쟁에 관한 이야기를 마무리하기에 적절하다고 생각하여 인용했습니다. 알다시피 우리가 다루었던 돈이나 돈의 전쟁과 같은 내용은 첫눈에 반하기 어려운 주제입니다. 자세히 들여다보고, 하나하나 의미를 생각해 보아야 비로소 온전히 이해할 수 있는 주제이기 때문입니다. 그리고 오래 보아야 합니다. 익숙해지기 위해서는 별다른 수가 없습니다. 그렇지만 공을 들여 익힌 지식과 지혜는 쉽사리 잊히지 않습니다. 그렇게 얻은 지식과 지혜는 오랜 시간이 지나더라도 다른 사람이 빼앗아 갈 수 없습니다. 다른 지식과 지혜를 키우는 데도 도움이 되기도 하죠.

　여러분은 이제 막 돈에 관한 이야기에 입문한 새내기입니다. 새내기는 처음 접한 사람이란 의미도 있지만 이와 더불어 앞으로 성장할 사람이란 의미도 있습니다. 이미 다 읽어 보셔서 아시겠지만, 저는 작은 사건이나 일화에서 시작해서 여러분들이 돈과 돈의 전쟁을 이해하는데 도움을 드리는 방식으로 글을 엮었습니다. 우리 주변에 익숙한 이야기를 알려드리고 그 속에서 돈에 관련한 흥미로운 주제를 뽑아내는 방식으로 글을 이어갔죠.

　프랭크 바움의 《오즈의 위대한 마법사》는 널리 알려진 책입니다. 책으로 접하지 않고 영화나 뮤지컬로 접한 분도 있겠죠. 그렇지만 《오즈의 위대한 마법사》를 미국 대통령 선거, 금본위제와 관련해서 알고 계신 분은 소수일 겁니다. 저도 처음엔 몰랐습니다. 이 책의 다른 부분과 마찬가지로 저에겐 《오즈의 위대한 마법사》에 대한 지식 역시 자세히 들여다보고 오래 보아서 익히게 된 것 중 하나였습니다.

　여러분들은 가끔 "기초가 탄탄해야 공부를 잘 할 수 있다."는 말을 들어본 적 있으실 겁니다. 저는 구체적인 역사 이야기를 통해 여러분이 돈에 관한 이야기의 기초를 탄탄히 세울 수 있도록 돕고자 했습니다. 다만 중요한 것은 여러 이야기들을 알고 있는 것으로 끝나는 것이 아니라 이야기들을 엮어내는 기술이 필요하다는 것입니다. 재미있는 이야기에만 집중하다보면 원래 익히려고 했던 지식은 온데간데없게 되기 때문이죠. 한마디로 말해 내가 알고 싶은 이야기의 핵심이 무언인지 항상 염두에 두면서 흥미로운 이야기들을 자세히 그리고 오래 들여다보아야 한다는 것입니다.

　책은 주인이 누구냐에 따라 저마다 운명이 달라집니다. 부디 이 책이 어려분의 앞으로의 길에 어떤 계기가 되었으면 좋겠습니다.

마지막으로 이 책의 첫 독자였던 송윤서와 이정미에게 감사드립니다. 그리고 편집진과 이 책을 읽어주신 독자에게도 감사하다는 말씀을 드리고 싶습니다. 저는 이 책을 엮으면서 한층 성장한 것 같습니다. 부디 이러한 성장의 느낌을 독자 여러분도 함께 느끼시길 바라면서 이만 줄이겠습니다. 감사합니다.

용어 설명

물가 물건의 값. 여러 가지 상품이나 서비스의 가치를 종합적이고 평균적으로 본 개념이다.

금본위제 금의 일정량의 가치를 기준으로 단위 화폐의 가치를 재는 화폐 제도. 금화 단본위제, 금괴 본위제, 금환 본위제의 세 가지가 있다.

은본위제 일정량의 은을 화폐단위로 하는 본위 화폐 제도.

은행 예금을 받아 그 돈을 자금으로 하여 대출, 어음 거래, 증권의 인수 따위를 업무로 하는 금융 기관. 크게 중앙은행, 일반 은행, 특수 은행으로 구분한다.

환전 서로 발행국이 다른 화폐와 화폐, 또는 화폐와 지금(地金)을 교환함. 또는 그런 일.

중앙은행 한 나라의 금융과 통화 정책의 주체가 되는 은행. 은행권을 발행하고 국고의 출납을 다루며 금융 정책을 시행한다.

제1차 세계대전 1914년부터 4년간 계속되었던 세계 전쟁.

제2차 세계대전 1939년부터 1945년까지 유럽, 아시아, 북아프리카, 태평양 등지에서 독일, 이탈리아, 일본을 중심으로 한 추축국과 영국, 프랑스, 미국, 소련 등을 중심으로 한 연합국 사이에 벌어진 세계 규모의 전쟁이다. 지금까지의 인류 역사에서 가장 큰 인명과 재산 피해를 낳은 전쟁이다.

외환 위기 대외 경상수지의 적자 확대와 단기 유동성 부족 등으로 대외 거래에 필요한 외환을 확보하지 못하여 국가 경제에 치명적인 타격을 입는 현상.

관세 국세의 하나. 관세 영역을 통해 수출·입되거나 통과되는 화물에 대하여 부과되는 세금으로, 수출세, 수입세, 통과세의 세 종류가 있으나 현재 우리나라에는 수입세만 있다.

국채 국가가 재정상의 필요에 따라 국가의 신용으로 설정하는 금전상의 채무. 또는 그것을 표시하는 채권.

연표

1815년 워털루 전투의 승리 이후 본격적인 영국 패권
시대가 도래한다.

1819년 영국이 최초로 파운드화를 연계한 금본위제를 시작한다.

1867년 유럽통화회의에서 주요 열강들은 자국 통화에 대한 금본위제를
도입하기로 약정하였다.

1914년 1차 세계대전이 발발한다.

1925년 영국은 전쟁으로 일시 정지된 금과 파운드 교환을 정상화하고 금
본위제로 복귀한다.

1931년 대공황의 여파로 인해 영국이 금과 파운드 교환의 정지를 선언한다.

1933년 이어 미국도 금과 달러 교환의 정지를 선언하며 영국 중심의 금본
위제는 완전히 막을 내린다.

1939년 제2차 세계대전이 발발한다.

1944년 제2차 세계 대전 종전 직전, 44개국 비공식 대표들이 마운트 워싱
턴 호텔에 모여 브레튼 우즈 협정을 맺는다. 이후 세계 금융 질서
는 미국 주도하에 개편된다.

1969년	IMF는 특별인출권 제도를 도입한다.
1971년	당시 미국 대통령인 닉슨은 달러와 금 사이의 교환을 중지함으로써 브레튼 우즈 체제를 포기하기로 결정한다.
1973년	변동환율제도가 시행된다. 이후 달러 중심의 돈의 전쟁 시대가 본격화한다.
1981년	특별인출권 구성이 달러, 엔, 마르크, 파운드, 프랑 등 5대 통화 체제로 축소됐다
1998년	미야자와 플랜이 수립된다.
2000년	타이 치앙마이에서 일본 주도의 치앙마이 이니셔티브가 체결된다.
2001년	유럽연합(EU) 출범으로 특별인출권 구성 통화 중 마르크화와 프랑화가 유로화로 흡수돼 현행 4개 통화 체제로 바뀌었다.
2002년	유로화가 법정 통화가 되며 정식으로 주화와 지폐 발행이 시작된다.
2016년	IMF 특별인출권 구성 통화에 위안화가 포함된다.

참고 도서

《금융의 지배》   니얼 퍼거슨

《알렉산더 해밀턴 : 현대 자본주의 미국을 만든 역사상 가장 건설적인 정치가》 론 처노

《악화의 진실 : 조선 경제를 뒤흔든 화폐의 타락사》   박준수

《돈 그 영혼과 진실 : 돈의 본질과 역사를 찾아서》   버나드 리에터

《글로벌 불균형 : 세계경제 위기와 브레튼우즈의 교훈》   베리 아이켄그린

《브레턴우즈 전투》   벤 스틸

《조선화폐전쟁》   신용진

《숫자 없는 경제학 : 인물, 철학, 열정이 만든 금융의 역사》   차현진

《미국금융의 탄생 : 알렉산더 해밀턴과 앨버트 갤러틴의 경제 리더십》 토머스. K. 맥크로

《메디치 머니 : 예술을 지배하고 종교를 흔들었던 15세기 피렌체의 금융 권력 흥망사》

팀 팍스

《주석 달린 오즈의 마법사 : 오즈의 마법사 깊이 읽기》   프랭크 바움

《백은비사 : 은이 지배한 동서양 화폐전쟁의 역사》   융이(2013)

찾아보기

내인생의책은 한 권의 책을 만들 때마다
우리 아이들이 나중에 자라 이 책이 '내 인생의 책'이라고 말할 수 있는 책을 만들고자 합니다.

세상에 대하여 우리가 더 잘 알아야 할 교양
⑥ **돈의 전쟁** 기축통화가 되기 위한 돈의 암투

송종운 지음

초판 인쇄일 2018년 7월 25일 l 초판 발행일 2018년 7월 31일
펴낸이 조기룡 l 펴낸곳 내인생의책 l 등록번호 제10-2315호
주소 서울시 서초구 나루터로60 정원빌딩 A동 4층
전화 (02) 335-0449, 335-0445(편집) l 팩스 (02) 6499-1165

ISBN 979-11-5723-418-9 (44300)
　　　978-11-5723-416-5 (세트)

이 도서의 국립중앙도서관 출판시도서목록(CIP)은 e-CIP 홈페이지(http://www.ml.go.kr/ecip)에서 이용하실 수 있습니다.
(CIP제어번호:2018023125)

내인생의책에서는 참신한 발상, 따뜻한 시선을 가진 원고를 기다리고 있습니다.
원고는 내인생의책 전자우편이나 홈카페를 이용해 보내 주세요. 여러분의 소중한 경험과 지식을 나누세요.

전자우편 bookinmylife@naver.com l **홈카페** http://cafe.naver.com/thebookinmylife

어린이제품안전특별법에 의한 제품 표시

제조자명 내인생의책 l **제조년월** 2018년 7월 l **제조국** 대한민국 l **사용연령** 5세 이상 어린이 제품
주소 및 연락처 서울시 서초구 나루터로 60 정원빌딩 A동 4층 (02) 335-0449 l **담당 편집자** 장인호